PEDRO ASENSIO CUADRADO

UNA VIDA REBELDE
DE LA ZONA FRANCA AL RAVAL

Barcelona, julio 2024

Diseño y maquetación: El Lokal

Fotografías:
Arxiu Municipal del Districte Sants-Montjuic,
Aj. Barcelona: páginas 24-27; 41-42.
Pedro Mata/Fotomovimiento: páginas 10-11; 56-57; 71-87.

Fotografías de portada y contraportada: Pedro Mata/Fotomovimiento

Edición:
Associació Cultural el Raval «El Lokal»
C/ de la Cera, 1 Bis. 08001 Barcelona
ellokal@ellokal.org
www.ellokal.org

ISBN: 978-84-125320-9-8
Depósito legal: B 15466-2024

Impresión: Estugraf impresores S.L.
C/ Pino, 5. 28350 Ciempozuelos, Madrid

Índice

Introducción..7

Pere Cuadrado, de la Zona Franca al Raval..10
  El barrio de Can Tunis...12
  Las casas baratas de la Zona Franca......................................15
  Mis padres...17
  La escuela y el asilo de Nuestra Señora del Port 17
  El Congreso Eucarístico de 1952..21
  El movimiento obrero de la Zona Franca 23
  Detención y cárcel. 30
  El Servicio militar..34
  Regreso a la Zona Franca: Las asociaciones de vecinos 36
  El fin de las barracas 38
  La lucha por los pisos...39
  La lucha por el centro de salud 40
  El Club Natación Montjuïc 43
  Las luchas medioambientales y el Ágora Zona Franca 46
  Trabajar de cocinero en el Raval...48
  Llegada al Raval...49
  El 15M 50
  El Lokal 52
  Juan Andrés Benítez 52
  El movimiento contra los desahucios......................................53
  Sobre la lucha..54

Quién no conoce al Sr Pere...56
  Si alguien no conoce a Pere, no es del barrio.............................58
  El 15M y el nacimiento de L@s tres mosquter@s.
  El Sr. PERE, único, irrepetible y… ¡con mayúsculas! 59
  Que temo la madrugada…...64
  La lucha de los nadie #CapAlaMisericordaJa 66
  ¡Oh! El señor Pere tomando el sol en Gràcia 68
  El Sr. PERE, único, irrepetible y… ¡con mayúsculas!..................70

Introducción

Querido Pere:

Te debemos tanto, hemos compartido y luchado tanto, que te me-
reces este libro. La tuya ha sido una vida entera sufrida y luchada:
de las luchas en las fábricas, pasando por las luchas ecologistas o
por los derechos humanos, siempre has peleado por un mundo
mejor, por la libertad y por la justicia. Y siempre con la alegría en
tu cara, con tu picardía y tu irreverencia frente a todo poder.

Desde las barracas de Montjuic y la Zona Franca hasta el Raval, has llevado una vida rebelde. De familia obrera, anarquista y
comunista, has peleado desde niño contra todo poder y has pagado
por ello con un sufrimiento infinito. Y aun así, lo has sobrellevado
con humor, alegría y dignidad, luchando sin pedir nada a cambio,
siendo generoso con todos y estricto contigo mismo.

Sin querer ocupar nunca un cargo y sin esperar privilegio alguno, siempre has estado en primera línea afanándote por los derechos de todos, especialmente de los más desfavorecidos. Has combatido en el barrio, en la cárcel, en la fábrica, en la calle. Siempre
en la calle. Te has enfrentado al franquismo, al capitalismo, a la
democracia frustrada, al Estado, a la Generalitat, a l'Ajuntament,
a policías de todo tipo, a banqueros, a burócratas. Contra todos, el
Pere, ya sea vestido, desnudo, de pie, en el suelo, manifestándote

megáfono en mano, caminando solo, con el bastón o con el andador, pero siempre en movimiento.

No es habitual encontrarse a gente como tú, en ti hay aún más de lo que parece. Con toda una vida de lucha a tus espaldas, eres referente y ejemplo, aunque te cueste aceptarlo. Tu historia molesta, pues a muchos les recuerda lo que hicieron, y siguen haciendo, en beneficio propio disfrazado de representación popular, de interés general. En cambio, tú eres de los que ni mandan ni obedecen y siempre echan una mano a quien lo necesita, si puede ser, con alegría y cantando, como las abuelas.

Este libro quiere dar a conocer una pequeña parte de tu vida sin entrar en detalles. Una vida sencilla, grande y rica que no queremos de ningún modo que caiga en el olvido y que deseamos que nos recuerde que no todo es como quieren hacernos ver: que este país y estos barrios se han hecho de gente como tú y por eso se mantienen dignos y rebeldes.

Salud y libertad.

Esta es una obra de autoría colectiva basada en escritos de Pere y grabaciones de conversaciones con él. Hemos intentado que la narración sea fiel a su forma de hablar, y la hemos completado con una serie de textos de compañeras y compañeros con los que Pere ha compartido luchas y amistades.

Es un reconocimiento y un homenaje a Pere, pero también una forma de mantener la memoria de las miles de personas de su generación que vivieron la postguerra, el franquismo y la transición sin dejar de luchar siempre por la justicia y la libertad.

PERE CUADRADO,
DE LA ZONA FRANCA AL RAVAL

EL BARRIO DE CAN TUNIS

Yo nací en Barcelona en el año 1950. Nací en las casas baratas de Casa Antúnez (Can Tunis), en la Zona Franca. Mi padre se llamaba Pedro Asensio Pérez y mi madre Isabel Cuadrado Diago. Mi padre era de Almería y mi madre de Murcia. Vinieron desde sus pueblos a Barcelona pensando que aquí iban a tener esto y aquello, y al final resultó que no tenían nada.

La montaña de Montjuic fue un lugar de acogida para las familias que llegaron de toda España. Estaba llena de barrios de barracas y allí vivían más de treinta mil personas. Tú llegabas ahí y plantabas la barraca: plantabas la estaca, los palos y ponías una manta o un toldo para cubrirla. Muchos ponían maderas a los lados y otros ponían tochos, depende de lo que tuvieran a mano. Entonces había un cabo de la Guardia Civil, el moro Mussa, que pasaba por donde estaban instalándose las barracas y le decía a la gente que tenían veinticuatro horas para montar la suya. Al día siguiente, pasadas las veinticuatro horas, volvía; si la barraca estaba sin acabar, te llevaban a la estación de Francia para mandarte de regreso.

En aquella época los inmigrantes llegaban en tren por la estación de Francia. Al llegar les pedían un papel con el visto bueno de la casa cuartel de la Guardia Civil o del cura de su pueblo. Los que no lo tenían, bien porque habían combatido en el otro bando durante la guerra, bien porque eran insurrectos, bien por otras cosas, tenían que regresar por donde habían venido. Muchos, sabiendo de esto, saltaban del tren antes de llegar a la estación. Mis padres llegaron así. Y en veinticuatro horas tenían puesta la barraca, porque, si no, los enviaban de vuelta para su pueblo.

El barrio de Montjuic con sus barracas era enorme, era un pueblo dentro de otro pueblo. En la montaña había calles, bares, un cine, un baile, una escuela y entraba el tranvía, la línea 48. Montjuic era como una ciudad aparte, aunque estuviera dentro de Barcelona.

Las calles y el barrio estaban arreglados porque la gente los arreglaba. Era un barrio construido por sus vecinos.

La Barcelona de entonces no era la Barcelona de ahora. En la Barcelona de ahora rara es la casa que no tiene un sofá para sentarse, una televisión, una radio para escuchar música. Entonces era diferente. Era un mundo muy diferente. Ninguna casa tenía las comodidades de hoy en día: la cama, la sala de estar, el tresillo, la cocina… Allí no había nada.

Nosotros vivíamos todos en una casa de 37 metros cuadrados: mis padres, mis dos hermanas y yo. En ese espacio poca vida puedes hacer, poca o ninguna. Había gente que dormía en la calle, en el exterior, porque ahí tenían más sitio para moverse y para hacer cosas. Allí nomás que se conocía esto. No había más.

En las barracas no había ni luz ni agua. Nos alumbrábamos con un quinqué de carburo y el agua había que ir a buscarla a diferentes puntos en la montaña. En todo Montjuic había ocho fuentes. Tenías que andar hasta la Font de la Guatlla, hasta Magoria o el Morrot, hasta la Tierra Negra, y desde el camino de Miramar al camino Esparver, incluso tocando a la Mare de Déu del Port. Tenías que andar dos o tres kilómetros para llegar a ellas.

En el barrio tampoco había alcantarillado ni pavimentación ni nada. Las calles eran de tierra y cuando llovía era un drama: teníamos que poner todos los colchones y todas las mantas encima de la mesa o en sitios altos donde no llegara el agua; la radio, porque teníamos una radio de aquellas altas, grandes, la poníamos encima de una mesa también. Así, si el agua entraba, pues podía llegar hasta los dos o tres palmos de altura, no se lo llevaba todo. Para intentar parar las inundaciones y que no entrara el agua dentro de las casas, poníamos tochanas en las puertas y unos parapetos a los lados formando una junta… Cuando llovía mucho salíamos disparados hacia la iglesia de la Mare de Déu del Port para estar en un sitio elevado, porque, cuando diluviaba, había gente que se quedaba atrapada y tenía que esperar a ser rescatada por lanchas de la Cruz Roja.

Había inundaciones cada año. Se desbordaban los ríos, los retretes, las calles, las casas…Entonces en la estación de trenes de mercancías del Morrot tocaban la sirena de alarma: «¡Alarma, alarma, inundación!». Y esto era cada invierno; cada invierno era lo mismo. Cuando tocaban la sirena en la estación, cuando tocaban la sirena en la Bertrand i Serra o en la Houdton, cuando en las fábricas tocaban la sirena a las cuatro o a las cinco de la mañana, ya sabías que era una alarma de inundación.

En invierno nos calentábamos con braseros de carbonilla. La carbonilla es el residuo del carbón. Ponías la carbonilla en el brasero, luego cogías papel o lo que tenías a mano, le prendías fuego y se lo acercabas a la carbonilla. Después, cuando había ardido el papel y la carbonilla estaba medio quemada, la metías en el brasero, y entonces metíamos el brasero dentro de las viviendas para calentarlas. Vivíamos con humo y con gases. La gente estaba acostumbrada a todas esas cosas. Eran secundarias.

Los niños jugábamos mucho en la calle. No teníamos juguetes ni familiares que nos regalaran cosas ni nada de eso. Demasiada faena tenían con lo suyo. Entonces nuestra forma de hacer las cosas era saliendo a jugar a la calle. Como la teníamos al lado, la montaña de Montjuic siempre fue una válvula de escape: allí íbamos a cazar nidos de pájaros, a jugar al fútbol… Íbamos a las calles de al lado del cementerio o jugábamos por ahí, siempre en la montaña.

La vida en el barrio era dura, muy dura. Pero tenías la suerte de tener la montaña al lado. Y desde Montjuic hasta las barracas había un paso nada más. Y entonces, claro, aprovechabas mucho la parte de la montaña para facilitar tu trabajo o hacer un poco de contrabando, porque entonces lo que había era trabajo y contrabando. Se hacía contrabando porque el sistema no te daba otra salida, era la única solución que tenías. Pasabas por la montaña con el carro para no pasar por los *burots*, que los burots eran otro tema. En Barcelona había *burots* en los barrios y en ellos había soldados que tenían que hacer el registro de los carros. El contrabando era de naranja grande, de alcachofa, de habas, de productos de primera necesidad. Lo vendías a un precio reducido para poder sobrevivir. Había quien también hacía contrabando de huesos de animales porque las fábricas de botones utilizaban muchos. Entonces los huesos estaban muy solicitados.

Las mujeres eran el sostén de la inmensa mayoría de familias. En los años cuarenta faltaban muchos hombres entre los que habían muerto en la guerra y quienes estaban refugiados, huidos, encerrados en campos de concentración o habían emigrado para trabajar fuera de España. En los barrios humildes, las mujeres pobres salían cada día a buscar un medio de vida para ellas y sus familias. El estraperlo era uno de estos medios: buscaban las acelgas boscanas, que se criaban en los humedales, limones, manojos de hinojo, de eucaliptos, de manzanilla, de hierbas medicinales, etc. Recogían en el campo todo lo que se podía para vender y así ganar diez o doce pesetas al día como forma de supervivencia.

LAS CASAS BARATAS DE LA ZONA FRANCA

Cuando hablamos de casas baratas hablamos de dos tipos de casas: unas construidas en el año 1929, para la Exposición Universal, y otras construidas en el año 1953.

En el 29, el Patronato Municipal de la Vivienda decide construir barrios de casas baratas, mayormente para dar una salida a la población que llegó a la ciudad como mano de obra para construir la Exposición Universal. En Montjuic se construyó el estadio y con el material sobrante del estadio se construyeron las viviendas de las casas baratas.

En Barcelona se construyeron cuatro barrios de casas baratas. Uno era el de Eduard Aunós, que era donde vivía yo. Eduard Aunós fue un ministro de justicia fascista que condenó a mucha gente a la pena de muerte. Los otros barrios de casas baratas tenían nombres parecidos. Uno se llamaba el barrio de Milans del Bosch, que es el famoso barrio del Buen Pastor. Milans del Bosch fue un capitán general del ejército de Franco. Otro barrio se llamaba Onésimo Redondo, era el barrio que estaba junto al de la Trinitat Nova, que ahora está reconstruido y ya no hay casas baratas. Los cuatro barrios de casas baratas tenían nombres de figuras del fascismo: Onésimo Redondo, Eduard Aunós, el famoso Milans Del Bosch y Baró de Viver. Lo que pasa es que algunos de los vecinos teníamos muy claro que nuestro barrio era el de las casas baratas de Can Tunis y no el barrio de un ministro fascista. Ahora algunos escritores famosos le llaman el barrio de Eduard Aunós, pero nosotros lo teníamos muy claro: no le dijeras tú a mi padre o a mi madre que aquello era Eduard Aunós, porque ellos no reconocían a Eduard Aunós.

En Can Tunis estaba el paseo. Era un paseo de árboles con dos calles, una para bajar y otra para subir. Y era todo de adoquines. En el centro había como un camino de tierra y árboles a izquierda y derecha. Me acuerdo de que había unos pasamanos en la escalera que subía por encima del eje central del paseo. Estos pasamanos estaban decorados con la garra de un león o de un tigre, estaban hechos con la antigüedad aquella que tenían esos barrios. Pero, claro, ahora vas y no encuentras nada de eso. Ahora vas y encuentras un barrio desértico, lleno de inútiles empresas y con un CIE de mierda donde tienen a todos los muchachos estos que vienen de fuera, manteros y lo que sea. Es a ellos a los que meten en el CIE. Antes no había nada de esto. Antes, donde estaba el CIE, había una fábrica que se llamaba la Pegaso, que primero estuvo en Sant Andreu.

MIS PADRES

Mi padre trabajaba en Can Barret, que era una fundición de cojinetes de bolas, de cojinetes de hierro de aquel entonces. Fundían el hierro, lo ponían en un molde y hacían unas bolas que después se ponían en los cojinetes de los patinetes. Era todo muy artesano. Era una fundición pequeña y muy artesana. Y mi madre estaba en casa haciendo las cosas, limpiando, cuidando de los críos.

Mi padre se afilió a la CNT-FAI. Era un hombre muy avanzado y un tío muy lanzado en el tema: estaba en los grupos armados y estuvo en la cárcel varias veces. Murió a los treinta y nueve años. Murió muy mal. Eran tantas las palizas y tan duras las cárceles de entonces… Era todo muy duro.

LA ESCUELA Y EL ASILO DE NUESTRA SEÑORA DEL PORT

Yo viví dos tipos de escuela: la escuela de enseñanza nacional y el asilo. En la escuela nacional entrabas cuando tenías cinco o seis años y estabas ahí hasta los catorce, pero no estabas internado, sino que ibas y venías. En las escuelas del Protectorado, el asilo, ahí sí que estabas internado. La escuela nacional a la que fui era la de San Raimundo de Peñafort, que estaba entre la calle Ulldecona y la calle Tortosa. Allá íbamos todos. Se edificaron dos barracones de madera acoplados a ella porque éramos más de mil niños y no cabíamos, estábamos amontonados.

En las escuelas nacionales los puestos clave siempre los ocuparon los mismos. Eran profesores que venían de Madrid, de Alicante o de Valencia. Era muy raro encontrarte a un profesor que viniera de Lleida, de Girona o de Barcelona. Todos los que elegían, el profesorado y todo el personal, no venían por venir: venían con una misión. Para ellos estaba muy claro: «Rendido todo el pueblo de España…», como decían desde desde la Comandancia General del Ejército de Franco en Burgos, «…doblegadas todas las fuerzas, ¡nos queda Cataluña!"». A eso venían, a acabarla de doblegar. Todos los profesores eran del Frente de Juventudes, de la sección Primo de Rivera o de la sección de Pilar Primo de Rivera, la hermana de José Antonio.

Y entonces, allí te enseñaban lo que era el dogma del Frente de Juventudes. Este dogma era mucho rezar y mucho darte golpes de pecho: «Por mi culpa, por mi culpa, por mi gran culpa…». Es decir, no te enseñaban nada. Pero sí que te enseñaban las cosas que para ellos eran sagradas, como que Dios ama a los niños y Franco ama a los niños tanto o más que si fuera tu propio padre. Y te enseñaban unas postales de Franco con un niño sentado en su pierna haciendo cualquier tontería como para decir: «Mira que bueno que soy que te doy un caramelo, ¿eh?». Eso lo hacían muy seguido.

¿Cómo más te enseñaban? Pegándote. Entraban en el aula, se sacaban la chaqueta, sacaban la pistola y la ponían encima del pupitre, al más puro estilo fascista. Con el ruido aquel de la pistola en el pupitre acojonaban a toda la clase.

El director era don Pulido, un hombre con nariz aguileña, camisa azul, traje oscuro y pistola asomando. Tenía muy mala leche. Y de leche íbamos, que el hambre era nuestra compañía. Desfilábamos antes de entrar a clase como estaba mandado, levantando la mano y diciendo lo buenos que eran todos. Eran buenísimos, te daban dos hostias y la mano la tenías levantada. A las diez y media te daban tu vaso de leche en polvo. Sus tortas, sus patadas y sus reglazos con la regla de madera maciza aún los siento. Una vez en clase, del daño que me hizo el profesor, me meé encima. Dejé un charco de meados. ¡Qué bestias que eran!

La señorita Josefina era otra profesora. Cada vez que te llamaba, su primera reacción era escupirte. Después te hablaba de su sobrino, que era un fascista, comandante del ejército de Franco, y nos enseñaban fotos de ella al lado de todos ellos. En una de estas fotos el Caudillo le ponía una medalla por sus méritos y su fe mariana. También estaba la señorita Rosa Baró, que si en algo destacó fue en la tarea de separar a los niños de las niñas.

Muchos años después, en el 77, me encontré con la señorita Rosa Baró y con la señorita Josefina, que en aquel momento eran las directoras del centro escolar San Raimundo de Peñafort. Me enseñaron sus carnets del PSOE y me dijeron: «Pedro, ahora ya vamos con los tiempos, ¡qué cosas tuvimos que ver!». Me acuerdo de la sonrisa triunfal de las dos. Antes, amantes de las grandes virtudes de Primo de Rivera; después, reconvertidas en fans de Felipe González.

Después de la escuela nacional fui a parar al asilo de La Salle del Port. Eso fue cuando mi padre murió. Al asilo iban los niños que no tenían padre o madre. También te enviaban si tu padre había sido un rojo o tu madre era una prostituta o lo que fuera. Si no lo era, le ponían el carnet de prostituta y era prostituta, y, por lo tanto, el hijo tenía que estar en el asilo. Los huérfanos o los apartados de nuestras madres íbamos a parar a los asilos. Estaba el asilo Durán, la Casa de la Caritat de Valldonzella, el asilo de Mare de Déu del Port, el de San José de la Montaña, el de los Hogares Mundet…

Cuando mi padre murió yo tenía siete u ocho años. Mi madre entonces tuvo que hacer muchos trabajos, fregar mucho con la rodilla clavada en el suelo, y yo, que era el mediano, me quedé con mis dos hermanas. Y entonces me fui a ver al mosén Sampera, que las tenía con el mosén Sampera cada dos por tres, y él me envió a los comedores. De ahí ya entré al asilo.

La experiencia en el asilo fue horrible. Era una vida muy cruel. Hoy, si me encuentro con una serie de amigos con los que estuve en aquellos orfelinatos que el sistema montó, ya con muchas canas blancas y los ojos lacrimosos, no quieren ni hablar de todo ese período, pues daba miedo. Por ahí pasaron miles de criaturas y muchos murieron a causa de los maltratos y las vejaciones. Cuando te encontrabas con alguno, ya fuera en el campo de fútbol durante el entrenamiento o allá en el asilo del Port, los reconocías por el pelo rapado y el miedo en la mirada. Nos pegaban mucho. Los clérigos llevaban todas las llaves juntas atadas a la cintura de la sotana y nos daban con ellas en la cabeza. Nos pegaban en las habitaciones y en las mazmorras de castigo. También había abusos. Igual estabas tú solo en el váter y entraban los profesores… ¿A qué entraban?, ¿a acompañarte?… Eran aquellos váteres antiguos. Estabas tú solo en el váter y ellos entraban, se daban la vuelta y se quedaban contigo dentro. ¿A qué entraban? Entraban a lo que entraban. Y de eso te dabas cuenta cada dos por tres.

La Iglesia jugó un papel muy importante en este horror. Muchos de los muchachos y muchachas eran cedidos a los empresarios y a los burgueses para trabajar en carpinterías, tiendas, bares o talleres. Y cobraba la Iglesia, no los chicos. Ellos eran esclavos de toda una red formada por la CNS (Confederación Nacional de Sindicatos), los oligarcas y todo un sistema corrupto. Los empresarios no tenían ningún escrúpulo en acercarse al asilo para saber con qué ganado contaba este, ellos ya colaboraban con la Iglesia y se sentían con todo el derecho a tener a trabajadores silenciados. A los chicos los engañaban y les decían que así se redimían de sus conductas. Los muchachos trabajaban todo el día y al finalizar la jornada volvían al asilo a dormir, si no era que los escoltaba la Guardia Civil.

Aún recuerdo las caras de los muertos en estos infiernos: el Bartolo, el Canito, el Miguel. Al Miguel, que tenía cinco hermanos, venía su madre a verlo. Ella trabajaba de sol a sol en los campos de los señoritos. Los que estamos vivos lo estamos de pura suerte. Aprendimos a ser alcohólicos, quedamos trastocados, zombis de por vida. Pasé mucho miedo en el asilo. Y aún tengo un miedo interior, pero ese miedo interior a veces me hace renacer, resucitar y emerger de la profundidad. Pero tengo ese miedo interior.

Del asilo salí con doce o trece años. Yo no aguantaba más aquello y mi abuela, menos. Ella me sacó de allí. Mi abuela se llamaba María Diago Guirado y era la madre de mi madre. Vivía también en nuestro barrio, unas casas más abajo. Mi abuela me hizo de madre, porque mi madre andaba en otras cosas. No vivía con nosotros, pero se pasaba el día en casa cocinando, cuidándonos, haciendo lo que hiciera falta. Cuando pienso en mi madre y en mi abuela, a mi madre la veo en visiones, pero a mi abuela la veo entera. Mi abuela fue la que me crió.

EL CONGRESO EUCARÍSTICO DE 1952

En el año 1952 al fascio se le ocurrió montar un gran congreso eucarístico en Barcelona. Pero la Diagonal, por donde tenían que pasar el santo vaticano y las personalidades del régimen, estaba llena de barracas. Decían: «Habría que echarles a todos ahora». Así que demolieron todas las barracas situadas en la Diagonal para tapar una realidad que no querían que se viera. Hicieron entonces más barrios de casas baratas. Algunas las hicieron en la montaña de Montjuic, en la Zona Franca, en la calles Sovelles, Ulldecona y el Cisell, que quedaba al lado de la plaza la Fragua, ahora llamada plaza del Nou. También se hicieron las viviendas del Congreso.

Las viviendas de la zona franca tenían 17 metros cuadrados. Aquello nada más que era una caja. La puerta se abría y todo era un cuadrado: váter, comedor y mesa, todo junto. Una pequeñísima habitación. No podías decir que aquello era una vivienda, era ridículo. Pues vino Martínez Marín, vino Pedro León, vino toda la jerarquía de Franco a inaugurar aquellas viviendas de 17 metros cuadrados. Y decían que aquello era majestuoso, que era lo último en viviendas. ¿Cómo podías meter una familia de cuatro o cinco hijos en ese espacio?. Pero ellos en sus trece, que aquello era una vivienda. Y claro, nosotros considerábamos que aquello era ridículo.

Se organizó una gran fiesta por la entrega de las llaves de los 17 metros cuadrados. A la inauguración vinieron mosén Sampera, todo el movimiento y sus secuaces, los alcaldes chivatillos, los confidentes del barrio, la Guardia Civil, el sargento Torégano, el tío Máximo... El señor León, jefe del Patronato Municipal de la Vivienda de Barcelona, con su vozarrón: «Vengan, vengan a ver esta gran obra».

Pusieron también unos lavaderos públicos al lado de las viviendas. Cuando nos lo enseñan, nos señalan un cristal de cincuenta por cincuenta en el techo, que era para que hubiera más luz en los lavaderos. Pues van y nos dicen que ese cristal era para que el agua del lavadero saliera caliente. ¿Pero cómo iba a calentar aquel cristal el agua? Qué mentiras y qué engaños.

Las casas se inauguraron en el 53. Pero en el 52, por el Congreso, Barcelona era un continuo ir y venir de personalidades: ministros del Consejo Nacional del Movimiento, guardias civiles, mandos del ejército, miembros de la archidiócesis de la iglesia. Vino el Capitán General de la IV Región Militar. Vinieron el Generalísimo, doña Carmen Polo, el papa, los militares aristócratas y muchos miembros de las Juventudes de la Falange con sus camisas azules, todos bajo palio. La familia Moncunill, la familia Taberner, los Mateu Mateu, los condes de Godó, los Codorníu, los Tarragona, todos los procuradores del estado, vinieron todos, todos juntos…. Todos con sus mantos, sus velos, sus peinetas y sus cirios, acompañados por las señoritas joseantonianas de la conferencia repartiendo caramelos. Franco hizo suya esta visita papal. Todo esto le sirvió para legitimar su régimen de terror.

Durante esos meses, en las calles había un policía o un militar del ejército apostado con su rifle cada ocho metros. En todas las esquinas y bocacalles había ametralladoras en tierra. En los terrados había miras telescópicas y rifles. Para pasar, la gente tenía que dar el santo y seña; el que pasaba y no daba el santo y seña era disparado por un militar, por un policía, por un guardia civil o por quien fuera. Era ejecutado al momento. Eso lo vivías en tu propia calle, veías que desde la otra esquina estaban disparando a alguien en medio de la calle. Están disparando a alguien y lo estás viendo… Esa es mi primera memoria de lucha.

EL MOVIMIENTO OBRERO DE LA ZONA FRANCA

Yo me afilio a las JSU (Juventudes Socialistas Unificadas de Cataluña), que eran las juventudes del PSUC, porque mi madre era miembro del PSUC. Mi padre había estado en CNT-FAI, pero mi madre era del PSUC. Muerto mi padre, me quedaba el cariño de mi madre, y yo no quería hacer malvivir a mi madre. Yo quería que estuviera todo bien. Y entonces es cuando me inscribo en las JSU. Yo tenía unos quince o dieciséis años. En aquel entonces ser miembro de una organización era muy duro, pero yo también lo era. Cuando me detenían me lo decían, que yo también lo era. Con

Asilo de Nuestra Señora del Port, 1955. Procedencia: "Barcelona".
Sup. Gaceta Municipal Núm 8. Arxiu Municipal de Sants Montjuïc.

Innundación en las Casas baratas, después de una riada. Los vecinos sacan los muebles a la calle para secarlos. 1943. Arxiu Municipal de Sants Montjuïc.

Vecinos de las Casas Baratas de Eduard Aunós tomando la fresca en la calle. Años 60. Arxiu Municipal de Sants Montjuïc.

Fiestas del Carme en el barrio de las Casas Baratas, julio 1961. La segunda por la izquierda es la hermana de Pere. Arxiu Municipal de Sants Montjuïc.

Fuente en las barracas de La Muntanyeta en el barrio de Can Tunis. Procedencia: Rosa Huguet Batlle. Arxiu Municipal de Sants Montjuïc.

Vista Aèria Eduard Aunós. Paseo de la Zona Franca y barrio de las Casas Baratas.
Autor: AERO-REPORT 421-027-8. Arxiu Municipal de Sants Montjuïc.

el tiempo comprendí que la dirección era la que mi padre había marcado e ingresé en la CNT. Pero eso fue después.

Mi madre era un poco la estafeta del barrio. La estafeta es la que tenía los libros, la que tenía la propaganda, la que tenía todo. Y ella lo iba distribuyendo.

En la Zona Franca había un gran movimiento de obreros y trabajadores. Más de ciento veinte mil personas llegaron a trabajar en el barrio. En aquella época las huelgas allí eran permanentes. Las huelgas, las asambleas y todo. La verdad es que yo me crié dentro del movimiento obrero de la Zona Franca.

Nos colocábamos en el Taller 6 o en el Taller 2 o en el Taller 5 de la SEAT. Saltábamos las vallas y a veces nos perseguían los vigilantes jurados, que eran todos franquistas. Nos perseguían para echarnos de allí y para pegarnos o detenernos. Cuando matan al Ruiz Villalba (compañero de la SEAT a quien la policía mató de varios disparos), yo estoy allí. No trabajábamos en la SEAT, pero íbamos como hombres de acción. Íbamos allí y tirábamos bolas a las patas de los caballos para que resbalaran. También les tirábamos papeles encendidos entre las patas para que se asustaran y tiraran al policía. Todo esto eran tácticas de defensa, de lucha.

Cuando tuve la edad para trabajar, entré a trabajar en Motores Diesel, que era una fábrica que estaba en Les Corts. Allí me aficioné a la fresa y al torno, y fui tornero fresador. En la fábrica hacía de todo menos el torno de la fresa, porque me subía arriba de la fresa o arriba del torno y empezaba a hablar con la gente sobre la manera de hacer una huelga. Yo le decía a la gente que había que ir a la huelga. Cuando empecé a trabajar, las empresas pioneras de la lucha eran muy contadas, pero eran de luchas fuertes. No era una lucha aquella de decir paro hoy y mañana no paro, no. Paro hoy, paro mañana y paro los días que hagan falta. Entonces la solidaridad era otra cosa.

Hubo huelgas muy sonadas. La de Miniwatt duró, por ejemplo, cuatro o cinco meses. La huelga se inició por la negociación de un convenio, cuando la empresa empezó a despedir a la plantilla para llevar las cosas a su cauce. Y claro, los trabajadores no dejaron que esto pasara y montaron una lucha impresionante. Hubo despidos por todos lados, pero al final la empresa tuvo que volver a emplear a los mismos trabajadores que había despedido. Esto pasaba todo el tiempo en las empresas de la Zona Franca.

En el 71, por ejemplo, fue muy fuerte. En el 71 hubo una huelga de todo el metal de Barcelona. Me acuerdo de aquellas asambleas que hacíamos donde estaba todo el metal de Barcelona reunido. Estas no eran como las asambleas de ahora. En las asambleas de entonces estabas a hostia limpia, porque ahí no transigíamos. Nosotros nos alineábamos para que los convenios fuesen realmente convenios que beneficiasen a los obreros. La huelga del metal de Barcelona la siguieron doscientos mil trabajadores. Fue una huelga impresionante. Es decir, eran veinte mil trabajadores de la SEAT, de la Siemens y de Motor Ibérica fueron también la hostia de trabajadores a la huelga. Y de la Pegaso ni te cuento.

Nosotros nos coordinábamos. Íbamos a primera hora de la mañana a las puertas de la fábrica o nos pasábamos toda la noche ahí. Y el piquete era en la puerta de la fábrica. Con fuego y todo, hecho con carbón, con leña, hecho con lo que fuera; con el fuego estábamos en la puerta a la espera de que entraran o salieran los turnos. Y entonces les decíamos: «Solidaridad, compañeros, solidaridad. Hoy está en huelga La Forja, mañana estará en huelga Viladecans, pasado estará en huelga… Hoy tienes que estar en huelga tú también, compañero». Entonces había lo que se llama el principio de solidaridad. Quizás había solidaridad porque aquella gente había vivido el hambre y la miseria. En los cincuenta y los sesenta, los que trabajaban en la SEAT, en La Forja, en Siemens o en Motor Ibérica eran personas que habían vivido esa miseria. Todos tenían treinta o cuarenta años y habían vivido toda la lucha desde la clandestinidad. Conocían muy bien lo que era la clandestinidad y conocían muy bien lo que era una detención. Tú sabías que cuando te detenían tenías que guardarte para ti los nombres de todos tus compañeros, te los tenías que comer todos con patatas. Tenías que ser capaz de enfrentarte a la BIC, la Brigada de Investigación Social y Política. Claro, que era muy difícil enfrentarte a ellos porque ellos dominaban todo, tenían las pistolas, lo tenían todo. Y en aquellos tiempos enseguida te detenían, enseguida te daban de hostias. Eran tiempos difíciles. Me acuerdo que una de las veces que me detuvieron en la Rambla me dijeron: «¿Tú eres el famoso Pedro ese?». Y yo: «Sí, yo soy». «Ah, te vamos a dar la del pulpo, ya verás tú, hijo de puta, cabrón». Y me dieron la del pulpo. Claro que me dieron la del pulpo, pero es que yo me lo merecía. Porque yo era muy vengativo también: tú me la das, yo te la devuelvo.

DETENCIÓN Y CÁRCEL

Cuando trabajaba en Motores Diesel llegué a ser vocal jurado del sindicato vertical, en el sindicato del metal. En el sindicato vertical había elecciones, allí se votaba a la gente que más destacaba en la lucha y a mí me eligieron como vocal jurado. Esto fue antes de que me detuvieran.

La entrada de la fábrica Motores Diesel estaba en la calle Numancia, en Numancia con Caballeros. Una mañana yo me acerco a la fábrica y veo un coche aparcado ahí, uno de aquellos SEAT antiguos, un 1300 o 1400. Y detrás ponía PMM, Parque Móvil Ministerial (matrícula que utilizaba, entre otros, la Policía Armada, los grises). Yo veo eso y claro, pues ya no entro a trabajar. Fue ver el coche de la policía y darme la media vuelta, y no entrar porque ya me doy cuenta de la paliza que me van a dar. Después, por la tarde, me acerqué un rato por ahí, y me dijeron que me estaban buscando, que la policía había estado todo el día en la fábrica, que me esperaban a mí, que p'aquí, que p'allá…. Esa vez me escapé, pero al cabo de poco tiempo me detuvieron.

A mí me detienen con cuatro mil octavillas que llevaba en dos bolsas, dos mil en cada bolsa. Tenía que repartirlas en la Faesa, en la Faesa-Mempar, en aquella de tejidos, la Bertrand i Serra, y en tres o cuatro fábricas de ahí del entorno. Me plantaba en la calle a las cinco de la mañana y tal como aparecían los trabajadores yo iba repartiendo las octavillas. Y esta vez me detienen y ya está. Van a casa, hacen un registro, golpean a mi madre. Mi madre sabía perfectamente quién era yo, por eso cuando me detenían la avisaban de que destruyera todo el material que yo tenía antes de que hicieran los registros.

Esta vez me detienen y me llevan al cuartel de la Guardia Civil de la calle Sant Pau. Allá estoy tres días tortura va, tortura viene: «Pedro Cuadrado, Pedro Cuadrado, Pedro Asensio Cuadrado…». Total, que estoy tres días allí de esta manera. Y es la Guardia Civil la que me da palos. Vino un coronel togado del ejercito y me dijo que, como yo estaba en la caja de reclutas, me harían un consejo de guerra. Yo le digo que me pueden acusar de las cuatro mil octavillas, pero que no me pueden acusar de nada más. ¡Bam!, palo que te pego. Cada vez que abría la boca era una paliza. Y ante las grandes palizas, claro, viene el miedo. El miedo que tienes y el que tienes que ocultar, porque tienes mucho que ocultar. Entonces el miedo era muy fuerte.

Después de tres días me pasan del cuartel de Sant Pau a la Jefatura Superior de Policía de Via Laietana, donde estoy tres días más. Ahí tengo a los Creix, al Núñez y al inspector Navales. A cada cuál más sanguinario. Los Creix ya sabemos todos quienes eran: eran dos hermanos, inspectores de la policía secreta de Franco y unas bestias sanguinarias. Ellos eran los que te interrogaban y te pegaban.

Los policías de entonces estaban muy preparados. Tú les podías hablar de marxismo, de anarquismo, de lo que quisieras, y tenían para contestarte y para decirte las cosas por su nombre. Franco tenía a gente muy preparada; pero preparada para el mal, no para el bien.

En el sótano de Via Laietana había unos calabozos. Ahí te tenían detenido. Y cada dos o tres horas te llamaban: «Pedro Cuadrado, Pedro Asensio Cuadrado, diríjase arriba al interrogatorio». Había una escalera que subía a los habitáculos de interrogatorio. Y en esos habitáculos…puñetazo va, puñetazo viene; tortura va, tortura viene; gomazo va, gomazo viene. Te daban con la porra. A mí incluso me metieron dentro de una bañera. Me metieron medio cuerpo dentro de la bañera y, de vez en cuando, me iban metiendo la cabeza bajo el agua; luego me levantaban, me daban, volvían a meterme la cabeza bajo el agua… no tenía fin. A las tres horas o así de estar torturándote te devolvían al calabozo. A las dos horas, otra vez te volvían a llamar: «Pedro Asensio Cuadrado, diríjase al interrogatorio». Pues al interrogatorio otra vez. Paliza va, paliza viene. Y que si tu padre es esto, tu madre lo otro, tu familia es así, tu familia es asá, tú eres un hijo de puta, tú eres un hijo de no sé cuánto, tú eres…Lo clásico. Y entonces salta el Navales y dice: «Déjamelo a mí, que ahora lo voy a interrogar yo». Se lo dice a Creix. Y Creix dice: «No, no, que Núñez lo entiende». Y bueno, pues resulta que Núñez me entiende. Núñez era otro inspector que también me entendía. Total que ahí te entendían todos. Y las palizas te las daban de muy padre y señor mío y eran palizas de…buf. Eran palizas de cogerte, tirarte al suelo, patearte el estómago, patearte la espalda, patearte el pecho, coger la silla, dar media vuelta a la silla, tirarte otra vez para atrás…A ver, todo era una tortura. Los tres días en el cuartel de la Guardia Civil y los tres días la comisaria de Via Laietana fueron una tortura todo el tiempo.

Después me llevaron a la Modelo. En la Modelo sabías cuándo entrabas, pero no sabías cuándo ibas a salir. Un día venía un juez militar, otro día un juez del TOP (Tribunal de Orden Público), otro día venía un inspector… Eso era cada dos por tres. Pero tu familia, no; tu familia no venía nunca. A mí me acusan de desobediencia, de enfrentamientos, de propaganda ilegal, de asociación ilícita… Me acusan de todo, y porque no hay más. Estuve cuatro meses en la cárcel de la Modelo.

Ahí comparto celda con el Santos y con el Núñez. Ahí también coincido con Eliseo Bayo, con Ángel Rozas, con José Luis. Recuerdo a mucha gente. A Josefina, que era la mujer del Santos, la había visto en la Vía Laietana, también detenida. Coincidimos muchos en aquella época, porque lo normal era que en un solo día detuvieran a veinte o treinta. Había compañeros muy buenos, compañeros que te apoyaban mucho. Por ejemplo, Eliseo Bayo, que fue marido de Lidia Falcón y ahora vive en México. Él era más mayor que yo. Yo no podía desconfiar de un tío como Eliseo Bayo. Un tío al que acusaron de la bomba de Capitan Arenas. Para mí es un tío sensato. ¿Que se chupó muchos años de cárcel? Ya lo sabemos. Pero él era un tío muy legal. Eliseo es un hombre muy inteligente. El Libro Rojo de Mao me lo tradujo del inglés al español. Él me pasaba muchos documentos y me los iba explicando. O sea, en la cárcel hago amistad con gente bastante preparada.

En la Modelo, si te pillaban en un rincón te atizaban y te vapuleaban, pero a la de ya. Pero como no te quedabas nunca en un rincón…Y después estaba el clásico preso común, que estaba pagado o lo que fuera para hacerte cabrear, para hacer que te mosquees y meterte en problemas. Eso lo han preparado siempre.

En la cárcel nos organizábamos. Repartíamos lo que teníamos, nos organizábamos bien. Y era aquello de que, si te falta a ti, te lo doy yo; o, si me falta a mí, me lo das tú. Había buen entendimiento. En aquel entonces en la Modelo había unos mil presos políticos encerrados. Eran años de mucha persecución.

Aquellos cuatro meses pasé el tiempo leyendo bastante, porque tenías mucho tiempo y se podía leer. Angustia no tuve. En aquel entonces yo era joven y tenía las ideas más claras. Ahora soy viejo y ya no tengo las ideas tan claras; ahora mis ideas ya no son iguales. Pero en aquel estar me venían muchas cosas a la cabeza, como que yo me tenía que marchar después de esos cuatro meses a hacer el servicio militar. Y venía el pensamiento de que, si en la mili era igual que en la cárcel, arreglado iba. Y, claro, no me equivocaba.

Finalmente me sueltan y una de dos: o era juzgado militarmente, o era juzgado por el Tribunal de Orden Público. Finalmente me juzga el TOP. Me condenan a cuatro años y cuatro meses. Pero mi abuela pagó la multa. Mi abuela se fue a rifar y a vender lo que fuera, y pagó la multa y me quitó la cárcel de encima.

EL SERVICIO MILITAR

Al cabo de un tiempo, pasado un año o así, me llaman para que me incorpore a filas. Lo de la insumisión a la mili, al ejército, no fue hasta años después. Cuando yo estuve no había nada de eso, si eras insumiso automáticamente eras condenado, te juzgaban y te metían en la cárcel… Cuando a mí me tocó el servicio militar lo que había era eso.

Así que me incorporo a filas y me toca Mallorca. Y en Mallorca hago el campamento como soldado. De Mallorca me llevan a Menorca, a un batallón de castigo. En Menorca estoy en el Barranco del Reloj, en la parte de Alayor, donde había como una granja en la que había muchos soldados que estaban como yo. Era gente que no quería empuñar las armas. Algunos, porque eran religiosos, como los testigos de Jehová; pero otros no eran creyentes, tenían otras razones. A los diez o doce días de estar en aquella granja, sorpresa mía, me llevan a Mahón, al penal de La Mola. Llego a Mahón y me encuentro con toda una serie de personajes en el regimiento que cágate. Allí había unos cuántos informadores del SIM (Servicio de Inteligencia Militar). Tú ya veías que aquellos tíos no eran como tú, porque ves que tenían veinticuatro o veinticinco años y tú tienes veinte… ya lo hueles. Había más soldados del SIM que soldados normales. Tuve muchas discusiones y muchos follones con todos ellos. Yo no podía verlos a ellos ni ellos podían verme a mí. Yo con el SIM nada, ni agua. Y el SIM conmigo ni agua tampoco.

En el penal de La Mola sufro dos atentados organizados por el SIM, uno en el polvorín y otro en la costa. En la costa, los del SIM me hunden en el agua y con los pies me van dando en la cabeza para que me ahogue. Yo, cuando veo que me van a hundir así, rápidamente saco la cabeza para respirar, pero la faena fue mía para poder salir de allí.

En ese penal estuve durante dieciséis meses, que no fueron un día ni dos, fueron dieciséis meses los que me casqué allí. No lo pasé bien. En ese momento tienes veinte años y estás perdido. Yo tenía veinte años y estaba perdido. Pero bueno, no consiguieron acabar conmigo. No. Aquí estoy.

REGRESO A LA ZONA FRANCA: LAS ASOCIACIONES DE VECINOS

Regreso de Menorca en el 72 o el 73. Al regresar busco trabajo, pero con mi historial no encuentro nada. Tengo que trabajar de una manera muy peculiar, haciendo trabajos en negro, trabajos muy tirados. Pero yo vuelvo a la Zona Franca y vuelvo con la idea de hacerme de la asociación de vecinos. En ese momento yo reflexiono y pienso que estar metido en la asociación de vecinos me dará más facilidad de movimientos, porque tienes que moverte para coordinar la lucha con diferentes entidades o movimientos sociales.

Por aquella época comienzan a aparecer las asociaciones de vecinos. Hasta entonces no había asociaciones de vecinos, ni movimientos vecinales, ni asociaciones en las escuelas, no había nada de eso. Solo había una cosa que se inventó Franco en el 52, que eran las asociaciones de cabezas de familia, donde las mujeres no tenían ni voz ni voto. Con esta asociación conseguimos algunas cosas, como, por ejemplo, dos fuentes más en la montaña. En las barracas no había luz ni agua, y claro, conseguir agua en la montaña era… Era la hostia. Ahora no, ahora en Montjuic te encuentras agua por todas partes, pero en aquella época era puñetero, y al menos conseguimos dos fuentes: una en la ladera de Mare de Déu del Port y otra en la ladera de Magòria i Font de la Guatlla. La gente que vivía en el centro de la montaña tenía que desplazarse a las fuentes y acarrear el agua hasta sus casas.

Cuando vuelvo a mi barrio después del servicio militar ya hay asociaciones de vecinos. Vuelvo a la casa de mi familia en Eduard Aunós. Yo viví en esa casa hasta el final, hasta que se derriba todo. Vivir ahí me daba pie a estar, por un lado, en la asociación de vecinos de Eduard Aunós y, por otro lado, en la asociación de vecinos de Mare de Déu del Port, que era muy batalladora. Estaban el Basilio, la Pilarinet, el Madurga, el Emilio, el Reyes… Había toda una serie de gente en la que confiabas y con los que luchabas. Todos eran vecinos del barrio. Unos eran de Juventud Cristiana, otros eran anarquistas, otros eran del PSUC… Lo de menos era eso. Lo importante era el denominador común. Nosotros, y cuando digo nosotros digo todas las entidades sociales y vecinales, compartimos muchas luchas esos años: por la vivienda digna, por la iluminación de las calles, por el alcantarillado y la pavimentación, por el ambulatorio, por la contaminación, etc.

Luchamos mucho por el alcantarillado y la pavimentación de Barcelona. Y los conseguimos. Recuerdo que en el año 1985 nombraron como concejal de Obras Públicas a Jordi Parpal, y Jordi Parpal es de los tíos que no se echan p'atrás, sino que el tío, con todo lo socialista que era, se echa p'alante y dice que hay una falta de infraestructura que hay que solucionar. Entonces se consigue alcantarillar casi toda Barcelona. Yo he estado dentro de las cloacas de Barcelona y son inmensas. Estuve en la cloaca de la desembocadura del Llobregat y aquello era monstruoso de lo grande que era. Y he estado en diferentes cloacas… ya no era como cuando llegaba todo por la Rambla y salía el agua por la Rambla abajo. No, no, eran cloacas de muy padre y señor mío. Igual que el pavimento de la calle. Ya no eran aquellas piedras y aquellas tochanas que ponían en el suelo, sino que eran otro tipo de calles más amables para la gente, para andar los críos, la gente mayor.

En el año 1972 se crea la FAVB (Federació d'Associacions Veïnals de Barcelona) y ya enlos 80, la CONFAVC (Confederació d'Associacions Veïnals de Catalunya). Se fundan estas dos entidades que, se supone, recogen el sentir de todas las otras asociaciones de vecinos; pero mucha gente no está ni contenta ni de acuerdo con ello y decide irse. Yo soy uno de ellos. Y nos vamos porque allí, por encima de la federación, quién predomina es el PSUC. Y claro, si predomina el PSUC y los demás no podemos tener la misma voz y el mismo voto que el PSUC, entonces vámonos.

EL FIN DE LAS BARRACAS

La Obra Sindical del Hogar, que dependía del Sindicato Vertical, dio al estado cincuenta millones de pesetas para ir trasladando a la gente de las barracas a otros lugares. La UVS, empresa constructora que era también del Sindicato, construyó viviendas en Sant Boi, en El Prat de Llobregat y en Badalona. Para tener derecho a una de estas viviendas tenías que obtener un préstamo de doce mil pesetas. Pero la burocracia era tan fuerte que algunas personas no podían hacer frente al préstamo. Los que esperaban el crédito de alguna mutualidad se quedaban sin la ayuda. Otros acudían a Cáritas, esta ofreció quinientas mil pesetas en ayudas. Aun con todo esto, seguía faltando dinero para algunas familias barraquistas.

En el año 1973 quedaban unas veinte familias en las barracas. Más tarde fueron ocho, ocho familias de las 135 que había en 1970. Ocho familias luchando hasta el final. Estos eran el bueno del Mariano junto con su mujer, y también estaba mi gran amigo Antonio. Antonio y Mariano eran dos albañiles que, cuando acabó la Guerra Civil, estuvieron en el maquis. Antonio nos decía que le llamáramos don Juan de Serrallonga. Nos explicaba que sobre el año 1500 en Catalunya se desarrolló un movimiento muy fuerte de hombres temidos por la autoridad: los bandoleros. Uno de ellos era Serrallonga, que asaltaba a los señores feudales ricos y luego repartía el dinero entre los pobres. Pues Antonio, un hombre ya mayor y analfabeto, que había nacido en Andalucía y había estado en campos de concentración en Francia, nos decía que le llamáramos don Juan de Serrallonga.

Nos reuníamos clandestinamente en una barraca y en unos bancos de madera en el patio hacíamos nuestra resistencia. La higuera estaba al lado de los bancos de madera. La mujer del Antonio, el Sebas, la Adelaida, el Domènec, el Antonio, yo…Recuerdo que en nuestras reuniones nos llamábamos Grupo de Resistencia de las

Barracas de Montjuic. Las reuniones se hacían en las barracas y para ir al lavabo salíamos al pozo ciego. Preparábamos un cubo con pintura y una brocha, y pintábamos en las barracas: Unidos lo conseguiremos. Finalmente, conseguimos que les dieran una vivienda a las ocho familias de barraquistas que quedaban.

Nosotros siempre hemos defendido el techo, el pan y el trabajo. El techo, el pan y el trabajo son tres cosas elementales para el ser humano. Y esto es lo que siempre hemos defendido.

LA LUCHA POR LOS PISOS

En el barrio, poco a poco se fueron cubriendo las necesidades básicas, como las alcantarillas o el alumbrado público. Pero seguíamos con las movilizaciones vecinales para cambiar las cosas. Viviendas dignas ya, decían nuestras pancartas. En aquellos años fui presidente de la asociación de vecinos de Eduard Aunós. Y como presidente de la asociación de vecinos, tuve un papel en la lucha por conseguir viviendas dignas para las vecinas.

Una de las luchas fue las de los pisos de La Capa. La Capa fue una empresa de madera situada en Mare de Déu del Port. Esta empresa cerró y ahí quedaron los locales, las maderas, el suelo y los terrenos. Y entonces, un día nos planteamos ocupar esos terrenos para edificar viviendas.

Fuimos todos juntos en manifestación hasta la fábrica. Fuimos con cajas de muertos pintadas de negro por los mismos vecinos. Como era el día del entierro de la sardina, andamos con las cajas de muertos por el paseo de la Zona Franca, entramos en los terrenos de La Capa y nos apoderamos de aquello. Empezaron las reuniones con el Ayuntamiento de Barcelona y, después de cuatro o cinco años de negociaciones, se empezaron a construir los pisos.

Finalmente, en marzo de 1987 se entregaron las llaves de los pisos nuevos. Esos fueron los pisos que luego llamaron de la Pantera Rosa, porque estaban pintados de color rosa. Son las viviendas que conseguimos. Son viviendas de protección oficial donde la gente es propietaria. La gente se siente más segura si es propietaria de una vivienda, la verdad.

Con las luchas vecinales conseguimos varias promociones de edificios: la Pantera Rosa, Can Clos, el Polvorín... La Marina del Prat Vermell. Se construyeron muchos proyectos de viviendas en esa época en el barrio. Ahora vas por allí y ya no hay rastro de casas, todo son bloques de pisos. Y qué pisos. Nada que ver con lo que había antes.

LA LUCHA POR EL CENTRO DE SALUD

En Can Tunis tuvimos un dispensario, pero no era para operaciones ni para cosas de urgencias, era para primeros auxilios y cosas así. Lo que queríamos era un ambulatorio. En el año 1968 fuimos casa por casa haciendo un censo de vecinos para saber cuántas cartillas de la seguridad social había en todos los barrios de la Zona Franca y demostrar así que necesitábamos un ambulatorio. Más tarde se consiguieron veintitrés mil firmas pidiendo un nuevo ambulatorio. Entregamos todas las firmas al Instituto Nacional de la Seguridad Social y Previsión. Además, argumentamos que, siendo nuestro barrio el complejo industrial más grande de toda España, los trabajadores de las fábricas también necesitaban atención médica especializada. Más razones aún para tener un ambulatorio.

Fueron muchos años de idas y venidas, de coloquios y debates. En el año 1984, cansados de falsas promesas, salimos todos a

Reivindicación de un ambulatorio para el Barrio. Recogida de Firmas
en el barrio del Port, 1975. Arxiu Municipal de Sants Montjuïc.

Reivindicación de un ambulatorio para el Barrio. Recogida de Firmas en la puerta
del campo del Iberia, 1975. Arxiu Municipal de Sants Montjuïc.

Reivindicando una vez más el prometido ambulatorio, 1984. A la derecha de la pancarta, asoma la cabeza de Pere. Arxiu Municipal de Sants Montjuïc

Manifestación reivindicando el prometido ambulatorio, 1984.
Arxiu Municipal de Sants Montjuïc

manifestarnos por el ambulatorio. En un solar de la calle del Foc esquina con Mare de Déu del Port, los vecinos (convocados por la asociaciones de vecinos del Port, La Viña, Estrellas Altas, Polvorín, San Cristóbal, SEAT, Eduard Aunós, Can Clos, etc.), nos movilizamos para poner la primera piedra. Unos iban disfrazados de blanco, de sanitarios; otros, con vendas y mercromina en diferentes partes del cuerpo; otros, con sierras; otros, con material de sanidad, y todos con pancartas: President Pujol, queremos menos promesas y más hechos. Cada uno con su eslogan. Nosotros llevábamos la camilla de urgencias. Nuestra camilla decía: Pujol es contaminante y lo enferma todo.

Finalmente, en el año 1987 se inauguró el ambulatorio de la calle del Foc, conocido como CAP Dr. Carles Ribas. A la inauguración vinieron el Sr. alcalde, el muy honorable Jordi Pujol y Marta Ferrusola. Todos los presidentes de todas las entidades y asociaciones de vecinos de la Zona Franca se hicieron fotos con ellos. Por no faltar, no faltó ni el gran escritor Paco Candel.

EL CLUB NATACIÓN MONTJUIC

La montaña de Montjuic, desde que yo recuerdo, siempre ha sido un foco de especulación. Primero, en el año 1929, con la Exposición Universal; después, con el estadio Olímpico; mas tarde, con el parque de atracciones, y luego vinieron los más listos de turno y nos colocaron al Club Natación Montjuic. Ahí algunos dirigentes vecinales ganarían el cielo.

En el año 1974 se presenta el Plan General Metropolitano, impugnado por la inmensa mayoría de los vecinos de la Zona Franca, los barrios de Montjuic (llamados ahora barrios de la Marina). Se produjeron una serie de acontecimientos relacionados con el barrio y alentados por personas que siempre estuvieron dispuestas a erigirse en las voces cantantes de los vecinos. Personajes que, como se vería posteriormente, eran unos caraduras.

En la plaza Folch i Torres, allá donde estuvo la prisión de mujeres del Raval, se construyeron en los años 40 unas piscinas de natación para las vecinas: el Club Natación Montjuic. La cesión del lugar por parte del Ayuntamiento de Barcelona fue para 25 años. Entonces, en los años 70, el Club Natación Montjuic pidió que, haciendo una permuta por los terrenos del Raval, se le cediera una parte de la montaña de Montjuic para construir allí un polideportivo y piscinas. Con el Plan General Metropolitano, el Ayuntamiento cede al Club Natación Montjuic un terreno de unas siete hectáreas en la montaña, terreno que antes pertenecía a una industria de madera. En el antiguo espacio, en la plaza Folch i Torres del Raval, se prometieron equipamientos públicos. Allí se construyeron una escuela y una plaza, que a día de hoy siguen ahí.

Una parte de los vecinos de la Zona Franca nos opusimos al traslado del CNM a la montaña, ya que pensábamos que esos terrenos tenían que ser equipamientos públicos para el barrio. Entonces, hicieron una encuesta para que las vecinas apoyasen al Club Natación Montjuic. La junta deportiva del club preparó reuniones con los llamados representantes vecinales. A esas reuniones asistieron ellos junto con los representantes de don dinero, y ahí se gestó el pelotazo, hecho con dinero del contribuyente que fue a parar a manos de instituciones privadas. Se desplegó una gran campaña propagandística: «¡Hazte socio del Club Natación Montjuic! Si eres de la Zona Franca y perteneces a mi entidad, lo tendrás todo gratis. No pagarás la matrícula. Tendrás un descuento del treinta por ciento. Además, si eres familia numerosa, te descontaremos el cincuenta por ciento. Te regalamos las gafas para la piscina». Y así todo.

La campaña funcionó y la gente se apuntaba al club solo viendo la maqueta, ya que los inscritos en el proyecto tenían fe y desconocimiento.

En el año 1975 la Zona Franca era todo un ir y venir de acontecimientos. El concejal de Distrito, D. Pere Llorens, paseaba con su coche oficial por la calle Altos Hornos para poner la primera piedra de lo que después sería el Polideportivo del CN Montjuic. Ya estaba todo el pastel vendido. En estas, conforme el concejal pasaba por dicha calle, se lanzaron piedras a los coches. Los subvencionados y amigos de los poderosos les chivaron quienes habíamos sido los de las piedras. Había gente del Polvorín, de la Bóbila y de otros barrios. Nosotros nos oponíamos porque, ¿quiénes iban a jugar en esas diez canchas de tenis? Unas canchas con focos y alumbrados que no teníamos en nuestras casas ni en nuestras calles. Las grandes piscinas, las duchas, los jacuzzis, las saunas, las canchas de baloncesto y voleibol, los gimnasios y polideportivos… Todo eso no era para nosotros, los vecinos.

Todo eso, hecho con dinero público, con el dinero de los de siempre, pasó a ser privado. Y la sociedad privada que lo gestiona vendió el proyecto a las entidades vecinales como una gran oferta, como una inversión muy buena para los viejos de la Zona Franca. Y así fue como una parte de la montaña de Montjuic pasó a manos de empresas privadas. Rodearon el complejo de grandes alambradas, controladas por el personal de seguridad privada del club. Todo cerrado al barrio del Polvorín, de Can Clos, de Fomento, de La Viña, de Mare de Déu del Port. Una gran parte de la montaña cayó en manos de la especulación. Y las asociaciones de vecinos se apuntaron al carro a cambio de prebendas y otros favores. ¡Menudo pelotazo el de la montaña de los vecinos de la Zona Franca!

LAS LUCHAS MEDIOAMBIENTALES Y EL ÁGORA ZONA FRANCA

En el barrio había muchas empresas de productos químicos e inflamables: estaban la Campsa y la Repsol (que cuando no explotaba una explotaba la otra), la Houdton, la Hispano Química… eran empresas muy peligrosas. Nosotros vivíamos en medio de fábricas y de industrias muy peligrosas y contaminantes.

En Can Tunis teníamos siete kilómetros de playa y otros dos kilómetros más que iban desde La Farola hasta el río. O sea, que teníamos nueve kilómetros de playa. Hasta 1989 había una calle a la que llamaban la calle del Balneario. No sé si estará aún, pero aquello era un auténtico balneario, de verdad. Pero claro, ahí se metió la Campsa y puso aquellos diques y aquellos depósitos. También la fábrica Can Rivière, que era la que hacía las briquetas, el carbón y todo aquello, en la montaña subiendo a Can Tunis, al Morrot. ¿Y qué pasó? Que esos dos o tres kilómetros de playa se convirtieron en un lodo de mierda y pringue. Porque, ¿qué es lo que hay en ese mar? Lodo, pringue y mierda.

Entonces, organizamos un grupo en la Zona Franca que se llamó Ágora. Este nace para recoger todo el sentir popular y el sentir medioambiental de la gente, porque es lo que preocupaba a la gente en aquellos años, a finales de los ochenta y en los noventa. Habiéndose jubilado el maestro de escuela del Plus Ultra de nuestro barrio, le pedimos que nos alquilara sus locales. Ahí fue donde pusimos la sede del Ágora Zona Franca. Ahí estaba Cirilo Peña, un ecologista de ideas libres. Allí se creó, junto a la plaza de la Marina, la «Plataforma de sí al metro y no a la incineradora».

Fue gracias a la plataforma que se pusieron en el paseo medidores de polución atmosférica. Eso fue a raíz de la gran explosión del tanque esfera de Repsol, en la que murieron cuatro trabajadores.

¿incineradora?

No. Gràcies

Voler solucionar el problema de les escombraries cremant-les no compensa pels problemes de salut i mediambientals que això ocasiona.

NO VOLEM UNA INCINERADORA A LA ZONA FRANCA, NI A CAP LLOC !!

Grup de treball INCINERADORA. NO!!

ZONA FRANCA

DEBATE Y CONFERENCIA
Médicos y científicos sobre la incineradora en nuestros barrios

Hablaran:
- Sra Merçe Girona.......... Técnico de CEPA
- Sr. Josep Burgales .... Científico
- Dr. Carlos Armengual..... Médico

Los impactos ambientales que causa una incineradora para la salud

DIA 12 DE DICIEMBRE A LAS 19h EN LOS BAJOS DE PL. MARINA

CONVOCAN:

Plataforma contra la incineradora
Entidades asociativas de los barrios de Zona Franca

VEN, ACUDE, INFORMATE DE ALGO QUE AMENAZA TU BARRIO

INCINERADORA NO

ZONA FRANCA (BARCELONA)

NO AL SUBURBIO

SÍ A LA CALIDAD DE VIDA

Rechazo a la incineradora de Zona Franca

Barcelona. – Más de 300 personas se manifestaron ayer en Barcelona contra la construcción de una planta incineradora de residuos entre el barrio de la Zona Franca y El Prat del Llobregat. Durante la protesta (foto), convocada por la Plataforma Cívica para la Reducción de Residuos, se cortó el tráfico en el paseo de la Zona Franca, por donde discurrió la manifestación, hasta llegar a los terrenos donde está previsto que se construya la incineradora.

28 COSAS DE LA VIDA

GRAN BARCELONA

La incineradora rebela a Zona Franca

| Más de 60 entidades ecologistas y cívicas son contrarias a la instalación | Los vecinos organizan protestas, recogidas de firmas y acampadas | El barrio considera que se necesitan antes otros servicios, como el metro |

MERCÈ CONESA
Barcelona

LA ESTRATEGIA
Miles de alegaciones en contra

Diversos carteles vecinales y recortes de prensa relacionadas con el rechazo a la instalación de la incineradora en la Zona Franca. 1996.

47

El peligro estaba allí constantemente, la Zona Franca es una zona peligrosa.

Cuando nos intentaron meter una incineradora en la Zona Franca, eso fue muy sonado. La incineradora pretendía recoger trescientas cincuenta mil toneladas de basura al año y de eso hacer biogás y biomasa para el resto de Barcelona. Nosotros, como estábamos en contra, pues decimos que no, que hay que hacer el tratamiento y la separación de las basuras. Entonces, empezamos con manifestaciones por aquí, manifestaciones por allá, manifestaciones por la mañana, manifestaciones a la tarde. O sea, empezamos a apretar, a poner fuerza a las cosas. Y al final, desde el Ayuntamiento de Barcelona, se cancela el proyecto de la incineradora de la Zona Franca. Esto se consideró un triunfo del movimiento Ágora. De hecho, desde entonces no se ha construido ninguna incineradora más. Solo hay dos en funcionamiento: la de Sant Adrià del Besòs y la de Montcada i Reixac. Ya no se ha construido ninguna más. Si se llega a construir la de Zona Franca, se hubieran construido, en vez de tres, diez.

TRABAJAR DE COCINERO EN EL RAVAL

Como ya he contado, cuando vuelvo de la cárcel y del servicio militar, no puedo trabajar más de tornero fresador. Me cierran las puertas. En aquella época te metían en listas negras y la patronal se cuidaba mucho de darte un trabajo si estabas en ellas. Entonces, ya no puedes hacer aquel trabajo que hacías antes. Te tienes que amoldar a las circunstancias y buscarte la vida de otra manera. Y yo nunca he sido de los que piden, sino que soy de los que solucionan. «Si no gano con la fresa, ganaré con las comidas», me dije. Entonces me puse a trabajar de cocinero. Estuve trabajando de cocinero, de pinche, de lo que hizo falta. Me tiré dieciocho años trabajando en la cocina, que ya son años.

Estuve seis años trabajando en la calle Sant Pau, en el Raval. Me acuerdo de estar trabajando en la calle Sant Pau mientras ardía el Liceu. Me acuerdo de todo aquello como si fuera hoy.

La gente allí era muy reaccionaria. Los restaurantes del Raval eran muy fachas. Era la hostia lo de los restaurantes. Te metías en la calle Sant Pau, en Las Tres Botas, donde yo trabajaba, y era facha. Te metías enfrente, en casa del gordo del Pedro, y era facha. Y así era te metieras donde te metieras… Es decir, aquí daba asco. Pero es lo que había, porque yo no tenía trabajo en lo mío y tuve que hacer otro oficio para ganarme la vida. Y lo hice. Ya lo creo que lo hice.

LLEGADA AL RAVAL

Yo viví en la casa de mi familia, en el barrio de casas baratas, hasta que las tiraron abajo. Entonces mi madre y yo nos mudamos a un piso de protección oficial de los que habíamos conseguido con las luchas vecinales. Mi madre muere en el 91 y yo me quedo solo. Al quedarme solo, le pido al Patronat Municipal de l'Habitatge que me cambie de piso porque el que tenía era muy grande. Las cosas también se estaban poniendo raras en el barrio, había cambiado todo mucho y el tejido vecinal se había debilitado. Así que, cuando el Patronato me dio una vivienda de alquiler social en el Raval, me vine para el Raval. Eso fue en el 96 o el 97. Y aquí sigo desde entonces.

Yo ya conocía el Raval y sabía cómo funcionaba el tejido vecinal, había estado por aquí, había tratado con gente de aquí y había trabajado aquí. Sabía cómo funcionaba la Asociación de Vecinos del Raval, conocía el deportivo de Can Ricart... Tengo en casa el carnet del año 64 del Centro Gimnástico Barcelonés. Así que conocía mucho el barrio y no se me hizo raro el cambio.

Aquí en el Raval sigo viviendo solo. Desde que murió mi madre, yo vivo solo. Yo elijo la soledad porque me gusta la soledad. Si no, elegiría compañera o compañero, que estaría conmigo. Pero para estar juntos uno tiene que identificarse un poco conmigo, estar acompañado por estar acompañado no me vale. Como eso no se ha dado, elijo la soledad. Pero es una soledad buscada porque considero que es mejor estar solo que estar al lado de compañías que no te llevan a ningún lado.

EL 15M

Yo llego a la plaza Catalunya los primeros días del 15M. Llego solo, como persona que quiere participar en el movimiento, y participo en las asambleas colectivas del ágora de plaza Catalunya. Poco después me meto en una comisión que se llamó la Comissió de la Gent Gran. A las asambleas generales del 15M iba una delegación de cada comisión. Yo fui una de las personas que la Comissió eligió para representarla en las asambleas generales. A veces había unas asambleas que estaban un poco cojas, entonces, como Gent Gran, íbamos allí a potenciar otros movimientos que había en el 15M.

Había un respeto dentro del 15M por la Comissió de la Gent Gran porque éramos los más desgraciados, por decirlo de alguna manera. Había un cariño de la gente hacia los más desgraciados, que eran aquellos que se quedaban a dormir en la plaza Catalunya. Porque, ¿quién se quedaba a dormir en la plaza Catalunya? Pues la comisión de la Gent Gran: yo, la María, la otra… es decir, la gente que realmente estábamos allí.

Yayoflautas nace seis o siete meses después. Nace en un bar. Surge porque hay tres o cuatro que están de acuerdo con que se llame Yayoflautas. Los dirige una obsesión política. La Comissió de la Gent Gran desaparece y pasamos a llamarnos Yayoflautas.

Más o menos por la misma época surgen las mareas. Yo me meto en la marea pensionista, en las de la ATM (contra las subidas de precios del transporte) y en otras. Estoy en muchas, muchas asambleas. Intento estar en varios frentes a la vez. Fue un momento de mucha movilización en los barrios, en la ciudad, en todos lados. Yo era levantarme el lunes por la mañana y saber que el lunes tenía marea. El martes tenía pensionistas. El miércoles tenía la marea de sanidad. El jueves la marea de cultura. Yo miraba lo que iba a pasar en los tres o cuatro días siguientes, hacía un baremo y me organizaba: donde más me interesaba, ahí estaba. Ocupaciones, manifestaciones, ocupar esto, ocupar lo otro… Intentaba estar en todos los sitios que podía. Un día hasta ocupé la Bolsa de Barcelona.

En el 15M también conocí a muchas personas, como a la Vicki, la Victoria. Con ella y con otros montamos el Sindicato Mantero. También a la Janet, de Putas Indignadas. En el 15M nos conocimos todos: los de los movimientos antirracistas, contra las cárceles, etc.

Para mí, el 15 M como movimiento estuvo bien, pero le faltó valentía para tener más eco y resonancia. Si hubiera tenido más cara y ojos, las cosas hubieran salido mucho mejor de cómo salieron. Pero no los tuvo.

EL LOKAL

Al Lokal llegué con el Kevin. Yo estaba en ese momento en la Comisión de Estafados por la Banca, en la que organizábamos distintas acciones: nos encerrábamos dentro de la bolsa, dentro de los bancos, donde hiciera falta. Fue en estas acciones donde hice mucha amistad con el Kevin. Yo me fijaba mucho en él. El Kevin era un tío que era un luchador y que no se callaba ninguna. Hablaba inglés, francés y lo que le pusieras. Me acuerdo que venían los operatours, con los autobuses de los turistas y todo eso, y el tío les hablaba en cuatro o cinco idiomas. Era un tío que no paraba. Entre él, que hablaba cuatro o cinco idiomas, y yo, que daba cuatro paraguazos, ya estaba liada.

Fue Kevin quien me trajo al Lokal, aunque yo lo conocía de antes. Y desde entonces siempre he tenido una relación muy estrecha con El Lokal.

JUAN ANDRÉS BENÍTEZ

En el año 2013 los Mossos d'Esquadra mataron a nuestro vecino Juan Andrés Benítez. Lo mataron por la noche. A la mañana siguiente, cuando me entero de esta muerte, me acerco a ver qué ha pasado. Hablo con unos, luego con otros…Me lo explican y parece increíble, pero como uno ha vivido estos métodos, y los ha vivido en sus propias carnes, pues desconfía de todo…y al desconfiar aciertas. A aquel hombre lo mataron los Mossos. Y de qué manera.

Entonces los vecinos nos organizamos y estuvimos luchando varios meses contra la violencia y la impunidad policial. Hicimos varias acciones y en una de estas ocupamos un solar abandonado que estaba en la calle Aurora, la calle donde mataron a Juan Andrés, para reivindicar su memoria. Nos organizamos para ocupar el espacio y para limpiarlo, para quitar toda la hierba que había, la suciedad, las ratas, las jeringuillas… toda la porquería. Lo limpiamos todo. Y unas vecinas trajeron plantas, unos artistas pintaron murales en las paredes, se trajeron mesas y bancos, se montó un huerto…Y el solar abandonado se convirtió en un jardín para las vecinas, un espacio verde para el barrio: es el Ágora Juan Andrés Benítez, que lleva el nombre de nuestro vecino al que mataron los Mossos d'Esquadra. Y aquí sigue el espacio, así de bonito.

El MOVIMIENTO CONTRA LOS DESAHUCIOS

A partir del 15M me vinculo mucho con las luchas por el derecho a la vivienda y contra los desahucios. En la Zona Franca habíamos luchado mucho por el tema de la vivienda y, en su momento, yo había parado todos los desahucios. Había costado dios y ayuda pararlos, pero los paré. Si había que ir a encerrarse al Patronato Municipal de la Vivienda, me encerraba yo solo, y si tenía que meter ahí dentro al presidente, lo metía y lo encerraba dentro de la de la Secretaría de la Presidencia. Yo siempre he defendido el derecho a la vivienda, porque la vivienda es un derecho, como el pan y como el trabajo.

Los desahucios de ahora son distintos de los de antes. Antes podías parar un desahucio con poca gente. ¡Muchos los paré yo solo! Ahora, en cambio, necesitas mucha gente para parar un desahucio. Pero nos juntamos y los paramos igualmente. Vaya que sí.

SOBRE LA LUCHA

La lucha va muy bien para estimular el cerebro, para estimular la sangre. A mí la lucha me ha rejuvenecido. Me ha hecho más moderno. Yo, si fuera más joven, lucharía más. Creo que la gente tiene que abrir los ojos y luchar más. Es necesario abrir los ojos, porque muchos los tienen cerrados.

Yo, cuando era joven, tenía muy claro el camino. Y a día de hoy sigo teniéndolo muy claro. El camino te lo marca lo que tienes. Y lo que tienes es lo siguiente: un odio mortal al capitalismo, un odio mortal a lo que te domina, un odio mortal a unos gobiernos que malgobiernan el país. Todo eso lo tienes dentro y es lo que te mueve. También tengo mucho amor dentro. Tengo amor a la gente y amor a la lucha. Yo soy cariñoso con todo el mundo. Me voy a la Zona Franca y soy cariñoso. Y me vengo aquí al Raval y soy cariñoso con la gente. Pero una cosa no quita la otra. Tú puedes tener mucho amor y a la vez tener este sentimiento interior que no te deja vivir, un sentimiento por la lucha. Y sabes que no es fácil, que va a costar muchísimo conseguir un cambio, hacer una revolución. El cambio no vendrá cuando nosotros queramos o pensemos, sino cuando tenga que venir. Pueden pasar diez, veinte, treinta años. No sabemos. Tardará, pero yo sé que algún día llegará.

Yo no sé por qué será, pero en mi época había más victorias. Era otra cosa: las vecinas, los vecinos, el ambiente vecinal, el ambiente en general… Todo esto ha cambiado por completo. Ya no puedes contar ni con el vecino, ni con la vecina, ni con este, ni con el otro… No puedes contar con nadie. En aquel entonces, cuando pasaba algo, era raro que la vecina, o los vecinos, o los hijos de la vecina o del vecino no acudieran. Acudían a ver qué pasaba, a echar una mano. Y se metían en la lucha siempre y cuando comprendieran que la gente era buena gente. Pero se metían, ¿eh? Hoy esto no pasa.

Ahora no es la misma época ni la misma situación. La gente no está por la solidaridad ni por el apoyo mutuo ni por nada de eso. Yo me acuerdo de la Joven Guardia Roja, me acuerdo de la JCC (Juventud Comunista de Cataluña), me acuerdo de la JRC, me acuerdo de la Juventud de Izquierda Comunista… Había un montón de organizaciones jóvenes, todas las que quisieras y más, pero esto no es lo que hay ahora. Ahora hay muchos ordenadores y muchos móviles y mucho dinero. Ahora la gente tiene mucho dinero, y, si no tiene dinero, se lo dan sus padres o sus abuelas o abuelos, pero les dan dinero. Y los chavales la mar de contentos. Después se vienen aquí, se beben una litrona y cogen los patinetes. De eso sí que hay todo lo que quieras. Seguramente una cosa lleva a la otra.

Tampoco encuentro hoy la alegría que había entonces, la alegría de la lucha. Aunque en mi época era muy duro, había más alegría cuando estaba la María en la puerta de la Modelo gritando libertad para su marido que en lo de ahora. En frente de la Modelo, en la calle Entença, había un bar donde iban los familiares de los presos a tomarse el café, y encontraba más alegría en aquella gente, en aquellas mujeres que lloraban porque querían ver a sus maridos, que en lo de ahora. Ahora no es lo mismo. Yo no veo esa alegría por ninguna parte y al no verla pues a veces me digo: «Hostia, ¿seré yo el tonto?».

Pero bueno, a pesar de todo, hay que seguir luchando. Cuando luchas, el empeño nunca está en que vas a ganar, siempre tienes que estar dispuesto a perder. Si supieras que siempre ibas a ganar, estarías todo el día luchando sin parar; pero perder es lo que más se lleva, la verdad. Se lucha porque no hay más remedio que luchar. Luchar es la única salida que tiene el pobre. Luchar o someterse. Y someterse, pues hay quien se somete. Pero quien no quiere someterse tiene que luchar. No hay otra.

QUIÉN NO CONOCE AL SR PERE

Si alguien no conoce a Pere, no es del barrio

En agosto del año 2014 estaba haciendo fotografías a un grupo de activistas durante un escrache al "excelentíssim" Jordi Pujol y en la mismísima puerta de su casa. En medio de todo el *sarao* estaba el Pere, con una barretina y un cartel que enseñaba en alto a los coches que pasaban por General Mitre. En el cartel ponía: *"Pita al avi Pujol"*.

Yo ya lo conocía de verlo en manifestaciones, pero fue ese día cuando intimo un poco con él y le hago algunos retratos posados. Nos seguimos viendo en más de una ocasión; yo sigo haciéndole fotografías y él sigue liándola parda. Con el tiempo nace una amistad.

A día de hoy, hemos dejado las fotos y lo que hacemos es, de vez en cuando, es dar un paseo y tomar algo en la panadería de la esquina de su casa.

¿Quién no conoce al Pere?

Si alguien se lo cruza por el barrio y no lo saluda, es porque no es del barrio y, si alguien no lo ha fotografiado en una manifestación, es porque no se dedica a la fotografía o se ha quedado sin batería en el móvil.

Hay algo que lo define y es una frase que me dijo en una ocasión:

"Jo he nascut per ser un soldat, un soldat del moviment. Jo no he nascut ni per capità ni per coronel".

Pedro Mata
Fotomovimiento

El 15 M y el nacimiento de L@s tres mosqueter@s. Afinidad, lucha y mucho jaleo…

Esta es una narración a dos voces, las de María y Mari Creu, compañeras de Pere en muchas batallas. En ocasiones sus voces y sus relatos se entremezclan, como se entremezclan las causas por las que luchan.

Pere, María y yo, Mari Creu, nos conocimos en el 15M. Yo venía de trabajar durante 39 años en el bar. A Pere y a María los conocí cuando se empezó a formar el espacio de la gente mayor. Se hizo una parada y Pere venía por allí cada día. Ahí nos hicimos muy amigos y empezamos nuestras luchas. Allí conocimos también a toda la juventud, la abertura y el esplendor que hubo en el 15M. Pere enseguida se convirtió en un referente. Fue fantástico.

Hicimos una piña e íbamos a todas partes los tres juntos: tomábamos cafés, comíamos mal comidos, corríamos por todos lados… Era todo el tiempo: «Mira… que allí hay esto, que allá hay lo otro…, que en plaza Cataluña ahora se va a montar una pista de hielo…». ¡Y venga!, allá que íbamos los tres, con pancartas y con todo, tanto si hacía frío o viento como si llovía. Y Pere permanecía siempre ahí sentado hasta el final. Y la gente dándonos la lata para que nos pusiéramos a resguardo, pero no había manera. En las asambleas grandes, lo mismo: eran larguísimas y Pere hablaba mucho y nos daba muchas ideas y muchas otras cosas. Así fuimos conociendo al Pere luchador.

Fue tan fuerte lo que vivimos que en mi casa me prohibieron hablar del Pere, de las manifestaciones y de la calle, porque parecía que me iban a dar dos anginas de pecho, una detrás de otra. Creamos tanta complicidad que prácticamente ni nos telefoneábamos: ya teníamos un punto de encuentro, nos veíamos allí y al siguiente jaleo que nos íbamos.

Hemos compartido los tres muchas movidas: «Stop Pujades», contra las subidas de precios del transporte público; las acciones contra la pista de hielo de Plaza Cataluña; la lucha por el cierre de los CIE; la de las torres Mordor (Caixa Bank), donde estuvimos unos cuantos días aparcados con toda la juventud; la lucha contra las contratas de Movistar, esa también fue muy fuerte; las luchas contra la estafa bancaria; desahucios, y la la lucha por la medicación para los enfermos de hepatitis C (lo de la cirrosis, lo del hígado) y otras movilizaciones por la salud pública.

Estamos narrando esto las dos juntas porque prácticamente hemos pasado por las mismas cosas con el Pere. Todo este ir y venir. Este preguntarnos: «¿Has visto al Pere?». Y siempre la misma respuesta: «Sí, está allí sentado». Y entonces lo tenías que hacer levantar porque, si no, él se quedaba ahí sentado en la protesta horas y horas. Y obligarlo a ir a comer; no quería ni comer ni nada. Hemos pasado juntos muchas horas. Hemos llegado muchas veces a las tantas de la madrugada a casa…

Estuvimos también en los escraches a Pujol. ¡Muy fuerte! La que liamos: íbamos disfrazados, llevábamos chorizos, un árbol y el crucifijo. Y todos gritando: «¡Que se muevan las ramas, que hable todo dios, que caigan los nidos!» Pere iba disfrazado de gran ricacho con los dineros cayéndosele del gorro y de los bolsillos... vamos, un crack. Era un referente, toda la juventud estaba por él, querían saber de él.

Otra movida: en plaza Sant Jaume estuvimos tres o cuatro días haciendo noche. Y después en plaza Cataluña, cuando el 15M convocó volver a acampar el 11 de noviembre de 2011 (en plena campaña electoral) estuvimos ahí una semana. Y nos putearon muchísimo los del 3% y toda esta gente.

En una protesta, María sacó a Pere de debajo de una lechera en la calle Princesa, porque los tíos iban como locos y él se puso en medio. Lo tuvo que sacar de debajo porque, si no, lo habrían atropellado.

Y después, en el desalojo de La Carbonera, muy fuerte. En medio de la batalla campal que había allí montada, con mossos por todos lados, Pere agarró una silla de un bar y se sentó en la calzada, con las furgos de la policía pasando como si le toreasen para no pillarlo.

Recordamos también que en el Palacio de Justicia, en Arc de Triomf, Pere se quedó en porreta viva, solo con su camisa por encima. Y Mari Cruz con el cartel andando para arriba y para abajo.

[Habla Maria] Yo ese día no estaba y luego Pere me llamó por teléfono y me decía: «¡Ay, qué vergüenza! ¡Ay, qué vergüenza que me he desnudado!» Ese día bajaron todos los jueces, abogados, toda la gente del Palacio de Justicia. Esa acción fue muy sonada.

Tuvimos unas temporadas con él que fueron tan fuertes, el 12 de octubre, en Colón, el de Las Manos de Plaza Cataluña…

Ya os digo, yo en mi casa tenía prohibido hablar del Pere y de las marchas porque no sabía hablar de otra cosa. Fueron momentos que vivimos con mucha adrenalina.

Hemos vivido momentos súper difíciles, súper jodidos, pero a la vez tan intensos. Nos pensábamos que íbamos a arreglar el mundo y que nos iban a escuchar. Pero Pere siempre decía: «No os vayáis a creer que vais a arreglar el mundo, porque no lo vais a arreglar. No os lo creáis, que no se os suba, porque no lo vais a hacer». Y es verdad, pero bueno… hay que estar. Eso sí. Hay que estar.

Aun con todo, lo volveríamos a hacer. Y tanto. Volveríamos a hacerlo una y otra vez. Nos pasábamos horas hablando, pero tampoco hacíamos estrategias. No había estrategia ni nada. Nosotras nos plantábamos donde fuera. Pere nos decía que había no sé qué protesta no sé dónde y para allí que íbamos l@s tres mosqueter@s.

En esos tiempos no todo fue bueno, también se dieron muchas puñaladas traperas, pero Pere ya estaba curado de espantos. Él ya sabía cómo reaccionaba la gente y en las grandes asambleas siempre lo hablaba con mucha coherencia y mucho cariño.

[Habla Mari Cruz] Pere ha estado muchísimo más que yo, porque yo últimamente me puse enferma y entonces no podía salir. Me lo prohibió el médico. Pero él salía igual, pues él no hacía puto caso a los médicos ni a nadie. Bueno, ya lo conocemos todos ;).

[Habla María] Nosotros éramos l@s tres mosqueter@s. De tanto ir juntos me decían: «Su marido va por ahí, está allí en tal sitio…». Y yo: «No, si no es mi marido». Y nos reíamos mucho. Para mí el Pere es como el hermano que no he tenido. Recuerdo que en una manifestación por la calle Princesa se me acerca una señora de las que siempre venían y me dice: «¡Ay!, porque sé que es su marido, porque si no…. Es que estoy enamorada de Pere». Y le digo: «Pues ya se lo puede llevar, oiga. No tengo ningún problema».

Imaginaos lo que la gente pensaba cuando íbamos perdidas por ahí, como traperas, porque íbamos igual que él, de andar por los suelos, malcomidas y mal de todo. Pero con mucha fuerza y con muchas ganas de luchar y de arreglar algo. Supongo que en aquel momento tocaba hacer eso y se acabó la historia.

Luchamos mucho para que no se privatizara la salud, para que las enfermeras no se fueran a lo privado. Y ahora, cuando veo estas luchas, me da pena, me da pena porque si nos hubieran escuchado… Pero no fuimos escuchadas. Ni se nos escucha ni se nos escuchará, quiero decir.

El Pere es un referente. Podemos ponerle una gran estatua en el Raval, se lo merece. Y cuidado, que cuando tiene mala hostia la tiene, ¿eh? Yo lo calmaba bastante. De hecho, me llamaban a menudo para calmarlo. He tenido la suerte de que conmigo nunca se enfadaba. Se enfadaba por otras cosas y con otras personas, pero con nosotras jamás.

Venía siempre con ideas, venía disfrazado y le encanta cantar. Yo le cantaba por teléfono también. Hay tanto que contar, si siguiéramos hablando saldrían mil cosas más.

En algún momento, cuando pasen los años y se tenga que hacer un monumento, ahí en el Raval tiene que haber un monumento a Pere. Y si se le puede hacer en vida, mucho mejor. Siempre mejor en vida. Los homenajes cuando uno los puede disfrutar.

Mari Creu Paván y Maria Vallespí.
Texto oral a dos voces del "affinity group" del Pere.

Que temo la madrugada...

Del zagal de viejos zapatos gastados retenido en la comisaria de Vía Laietana, hacia donde la policía franquista lo sedujese y engañara con la promesa de un par de zapatillos nuevos para arrancarle con unas tenazas las uñitas de sus pies descalzos, al verso suelto, sin miedo, indomable, sin sometimiento a apellido ilustre, bala de goma o ideología que utilice personas para conseguir notoriedad o poltrona institucional. De aquel momento de terrorismo fascista al amor a la dignidad de una vida sencilla y ravalera, el abuelo nuestro de cada día, Pere Cuadrado, siempre poniendo el cuerpo ante tanta insensatez política y poder corrupto para reivindicar justicia y humanidad.

Pere Cuadrado siempre en la lucha: de la transformada La Carbonera a la espera de un nuevo CAP Raval Nord. De la falta de inversión de eme punto Rajoy en hepatitis C a Ester Quintana, Patricia Heras o las Putas Indignadas del Raval. De Pedro Álvarez al desahuciado, al mantero, al más vulnerable o al maricón agredido. Del grito: «Ningún Ser Humano es ilegal» a los de auxilio de Juan Andrés Benítez en la madrugada del 5 de octubre de 2013, diez años ya encendiendo velas en su memoria. Diez años de asambleas, actos, ternuras, reivindicación, justicia y solidaridad. De aquel zagal, a nuestro Pere, siempre su voz, verso y golpe de honestidad ante quien haga falta.

La campaña «Justicia Juan Andrés», trampolín de sueños, no hubiese sido posible sin la generosidad y confianza de tantas y tantas personas que, como Pere, siempre tuvieron claro que, cuando se vive sin miedo, la fuerza del común frente a las injusticias es imparable.

Cuando aquel forat añejo se convierta en centro de memoria y reparación, quizás darle su nombre sea una buena iniciativa para que la ciudad de Barcelona no olvide, para que nos siga contagiando alegría, nos haga soñar con un futuro mejor y para no temer, amor mío, a ninguna madrugada más.

Eternamente gracias, Pere.

Gerardo Ariza
Campaña Justicia Juan Andrés Benítez

La lucha de los nadie #CapAlaMisericordaJa

El 20 de noviembre del 2019 amanecimos con «la gran noticia», tan esperada por vecinas y trabajadoras después de más de un año de lucha: la capilla de la Misericordia sería el lugar donde se ubicaría el nuevo CAP Raval Nord.

La lucha por el equipamiento no fue fácil. Si finalmente se consiguió, fue gracias a las vecinas y trabajadoras del Raval. De entre todas las personas que participaron, la presencia constante de Pere se mantiene en la memoria de la mayoría de nosotras: su presencia como usuario del CAP, pero también como luchador incansable de causas justas.

Son muchos los recuerdos que conservamos de él, sobre todo de la ocupación de la capilla de la Misericordia. Estoy convencida de que, si cronometráramos la duración de las permanencias, él estaría entre los que más tiempo le dedicó a la causa. El mérito no está tan solo en esa dedicación personal, sino en la capacidad de hacernos más amena la permanencia a las demás. Pere siempre tiene muchas cosas que contar y nosotras mucho que aprender de él.

Ahora lo veo caminar con su andador por las calles del barrio. Le cuesta, dice que las piernas no lo acompañan, pero no quiere quedarse en casa porque eso sería aún peor. Me lo cruzo por Joaquín Costa cuando voy a hacer domicilios, en la intersección con calle Ferlandina, y charlamos cinco minutos de cómo está el barrio, de qué cosas relevantes han pasado en los últimos días y qué acciones importantes habrá en los próximos.

Pere, inconfundible con su gorra y su sonrisa, sus ganas de ser y estar, sigue poniendo el cuerpo en los desahucios que se lanzan en el Raval. Es la viva estampa del Raval rebelde, el que nos da identidad y el que queremos mantener.

Gracias, Pere, por existir. Quienes tenemos la suerte de conocerte siempre estaremos en deuda contigo. Como tu bien dices: «La vida es la lucha y la lucha es la vida».

¡Nos seguiremos viendo en las calles!

Antonia Raya Tena
Plataforma per un CAP nou al Raval Nord

¡Oh! el señor Pere tomando el sol en Gracia

Eran tiempos de defender el inminente desalojo del Banc Expropiat del barrio de Gracia. Pesaba sobre la ciudad una mañana muy calurosa. Las compañeras de la resistencia del barrio habían intentado entrar en el espacio, supuestamente recuperado la noche anterior, con varias acciones alrededor de la manzana, que estaba totalmente acordonada por la ARRO.

Una de las actividades programadas para esa mañana había sido el baby block, en la que muchas nos pusimos cascos de cotillón amarillos (remanente de la defensa de Can Vies). Por el calor insoportable de aquel día, decidimos llenar algunas piscinas hinchables para los niños. Así, mientras se mojaban, podían hacer juegos de agua sobre el talco que se desparramó a los antidisturbios presentes para escenificar, de algún modo, aquello de «sin farlopa no sois nada», que solía cantarse en esos tiempos.

Recuerdo que uno de los cordones infranqueables de la calle Verdi, por debajo de la plaza de la Revolución, estaba a tope de gente. En un momento, una compa mira el móvil y dice: «¡Oh! el señor Pere tomando el sol en Gracia». Y muestra una foto del gran Pere desparramado en el suelo y rodeado de agentes antidisturbios.

Recuerdo que corrí como loca abriéndome paso entre la multitud, como quien camina sobre el agua, levitando, hasta dar con el cordón policial y divisar a Pere en el suelo, panza al sol y brazos en cruz, con su maletín, el bastón adornando el cuadro y su gorra impoluta. Distinguí a Jordi Arasa, el robocop conocido por nombre y apellido por la militancia.

A bocajarro le grité: «Arasa, Arasa... el Pere!». Yo todavía conservaba mi ridículo casco amarillo, cuando veo que se acerca el energúmeno hasta el cordón que nos separaba y, apartando a otros dos de su especie, dice alto y claro (a él le costaba un poco hablar, balbuceaba cual Arnold Schwarzenegger): «Aparten, dejen pasar a la señora». Yo miré detrás de mí pensando que se dirigía a alguna vecina, pero su mirada se clavó en la mía y una sonrisa se instaló en su cara... naaaaaa mentira no ríe.

Así que, ante todos los compañeros, agachando la cabeza, humillada y ofendida, pasé entre ellos y me dirigí a Arasa con un: «Ya le vale, me ha arruinado la carrera de activista». Y me abalancé sobre el Pere, que continuaba en el suelo a lo Jesucristo Superstar. «Pere, ¿estás bien», le pregunto. Y él me guiñó un ojo.

Ya sabía yo que se trataba de una actuación, como tantas otras compartidas con tantísimo cariño a su lado. Pero le juré no perdonarle jamás que Arasa me hubiera llamado señora con respeto inmerecido (con la de veces que lo había insultado yo y me había reído en su cara), y que me iba a replantear lo de seguir en las calles, no fuera cosa que me empezara a llamar Vicky, a lo colegui. De más está decir que lo perdoné tantas veces como veces volvió él a involucrarme en nuevas aventuras.

Al señor Pere, por los siglos de los siglos, ¡SALUD y lucha! Mi actor favorito.

Vicky Canalla
TrasLaManta y *Regularización Ya*

El Sr. PERE, único, irrepetible y... ¡con mayúsculas!

Las putas de toda la vida queremos expresar con mucho puño arriba que el Sr. PERE siempre ha sido nuestro aliado. Nuestro colectivo lleva años haciendo incidencias políticas y él jamás nos ha fallado.

Es un hombre cuya vida está marcada por la resistencia de la clase obrera. Es siempre un ejemplo de gran lucidez, de solidaridad y apoyo mutuo.

Los pequeños o mayores altibajos en su salud no han sido nunca suficientes para que haya dejado la calle, esa gran jungla de hormigón que todo lo inunda. En época de pandemia él seguía con su rutina: jamás obedecer a la clase política.

Da igual el clima, él es siempre como el gladiador: poniendo el cuerpo, su trayectoria y su experiencia de vida en la arena. Para nosotras es imprescindible: siempre será el Sr. PERE con mayúsculas, igual que IÑAKI es nuestro DON.

Sr. PERE es un poeta, un artista de la historia y de la vida. Magnífico compañero de okupación que compartía la permanencia en la Misericordia desde la mañana hasta la tarde. Éramos cuatro cada día: Sr. PERE, Ana, Pedro y Janet.

Nos ha narrado muchas historias, algunas nos llevan a la maldita época de Franco, al fascismo que le tocó superar, y demuestran, una vez más, que jamás se ha arrodillado ante el sistema opresor.

Es un gran privilegio poder compartir con él espacio, tiempo de lucha y, aún mejor, cariño de vida. Con su imagen, con su voz marcando el camino, nos sentimos en casa, cuidadas, respetadas, escuchadas; es lo que el Sr. PERE nos da cada día cuando nos abraza y nos besa.

Sólo podemos dar las gracias a los astros por darnos la oportunidad de ser amigas del mejor: Sr. PERE siempre, único e irrepetible. ¡Visca, visca! y ¡que la fuerza nos acompañe!

Janet Reyes
Colectivo Putas Libertarias Raval

Campaña de apoyo #JusticiaJuanAndrés, en el Ágora Juan Andrés.
[14/12/2014] / Pedro Mata/Fotomovimiento

En el Ágora Juan Andrés.
[21/12/2014] / Pedro Mata/Fotomovimiento

Ous fregits
[22/03/2015] / Pedro Mata/Fotomovimiento

Marcha contra las prisiones.
Cordón policial alrededor de la Cárcel de Wad-Ras.
[31/12/2013] / Pedro Mata/Fotomovimiento

Escrache en la puerta de la casa de Jordi Pujol
[28/08/2014] / Pedro Mata/Fotomovimiento

Calle d'en Robadors.
[18/2/2015] / Pedro Mata/Fotomovimiento

Ágora Juan Andrés. Jornada de trabajo / Ocupación del Ágora.
[3/10/2014] / Pedro Mata/Fotomovimiento

Manifestación en el Cap Raval Nord.
[21/2/2019] / Pedro Mata/Fotomovimiento

CIE Zona Franca: Juicio popular contra los CIEs.
[30/1/2016] / Pedro Mata/Fotomovimiento

Reivindicación del Cap Raval Nord
en el pleno del Ajuntament de Barcelona.
[3/5/2019] / Pedro Mata/Fotomovimiento

Sosteniendo 'El Periódico de Catalunya' y la noticia:
"El abuelo de las manifestaciones".
[25/11/2020] / Pedro Mata/Fotomovimiento

Taller de fabricación de tirachinas.
Jornadas Antirrepresiva en el Ágora Juan Andrés.
[22/6/2019] / Pedro Mata/Fotomovimiento

Primer mercadillo rebelde Top Manta, en la Rambla del Raval.
[21/11/2015] / Pedro Mata/Fotomovimiento

Intento de desalojo en la calle Riereta. Foto del mural: Juan Tomás.
[2/12/2021] / Pedro Mata/Fotomovimiento

▶▶ Pere Cuadrado, la setmana passada a la plaça dels Àngels, en una protesta pels drets de les dones.

RECURS CONTRA UNA DENÚNCIA CONTROVERTIDA

La multa a l'avi de les 'manis', en vies de solució

○ L'ajuntament diu que ho resoldrà «amb bona voluntat

○ Pere Cuadrado va ser multat amb 3.000 € per usar un megàfon

serveis, indiquen fonts municipals. Segons l'ordenança del civisme, norma en què es basa la denúncia, és Martí, com a regidor del districte,

el LOKAL

El Raval, Barcelona
septiembre 2024